ख़्वाब अनछुए

BOOKS CLINIC

India's Fastest Growing Self Publishing House

-----------------------------**Contact Us At**-----------------------------

Call or Whatapp @ 8965949968 or Mail @ publish@booksclinic.com

Website: - **www.booksclinic.com**

B.D. Complex, Near Tifra Over Bridge, Bilaspur, Chhattisgarh, India, 495001

Publisher: Booksclinic Publishing
Edition: First
ISBN: 978-93-90655-96-0

Genre: Poetry

ख़्वाब अनछुए

डॉ.रंजना वर्मा

अनुक्रमणिका

1

हो न जो सामने अब उस से गिला हो कैसे ।
साथ जब छोड़ गया हो तो वफ़ा हो कैसे ॥

वो नहीं पास मेरे है तो चलो जाने भी दो
पर न कुछ कह जो सके उस का कहा हो कैसे ॥

चाहने से ही न तक़दीर किसी की बनती
ख़्वाब में ही जो रहा हो वो मिला हो कैसे ॥

जिन निगाहों में तमन्ना हो बसी मंजिल की
राह पे वो किसी चल कर भी रुका हो कैसे ॥

जिसने हर रात अँधेरे को मिटाने के लिये
दिल जलाया हो दिया फिर वो बुझा हो कैसे ॥

जिसने भूले से भी चींटी न कोई मारी हो
ऐसे इंसा से कोई खौफ़ज़दा हो कैसे ॥

अपने माँ बाप के कदमों में न जन्नत ढूंढ़ी
उसकी झोली में पड़ी कोई दुआ हो कैसे ॥

2

लोग कितने सवाल करते हैं ।
कुछ कहो तो बवाल करते हैं ॥

बात अपनी तो छुपाये रखते
हम जो चुप हों मलाल करते हैं ॥

मार देते हैं बात के पत्थर
कब किसी का ख़याल करते हैं ॥

नुक्ताचीं हैं मिजाज़ अब सब के
सबका जीना मुहाल करते हैं ॥

बिना जमीं उगा रहे हैं शज़र
लोग भी क्या कमाल करते हैं ॥

पाँव छूने की रवायत पनपी
सबको यूँ भी निहाल करते हैं ॥

जुबां शीरीं औ हाथ में खंजर
कभी ऐसा भी हाल करते हैं ॥

3

सख़्त दुश्वार है हर चीज़ मयस्सर होना ।
कोशिशों का यही मक़सद जरा बेहतर होना ॥

सिर्फ़ रब ही ने बनाया है किसी को कमतर
हो मेहर उस की तो होता है सिकन्दर होना ॥

एक आँवे में ही पक जाते हैं बर्तन सारे
सबकी किस्मत में कहाँ लिक्खा है सुंदर होना ॥

साथ चलने को तो चलते हैं कई लोग मगर
हर किसी के लिये आसां नहीं रहबर होना ॥

ज़िन्दगी यूँ तो गुज़र जाती है फुटपाथों पर
है जरूरी सभी के वास्ते इक घर होना ॥

लोग जी चाहे जिसे बोल दें किस्मत अपनी
सब की तक़दीर में होता न मुक़द्दर होना ॥

बीहड़ों से भी गुज़र के जो बहा जाता है
कौन दरिया को सिखाता है समन्दर होना ॥

4

करें क्या हम को ग़मे हिज्र ने रुलाया है।
पड़ा जिगर पे किसी ग़म का जैसे साया है ॥

गयी है रूठ मसर्रत कि जैसे हो दुश्मन
हमारे दिल पे किसी ग़म ने हक़ जताया है ॥

मिले जो राह में तो ख़्वाब लूट ले जाये
भटक गये जो उन्हें कौन ढूँढ़ पाया है ॥

बहुत डराने लगा है हमें भी अब तूफ़ां
हज़ार मुश्किलें झेलीं तो घर बनाया है ॥

निगाह में जो हमारी था ख़्वाब उल्फ़त का
ये आज जान सके हैं कि वो पराया है ॥

हरिक कदम पे यहाँ इम्तेहान है होता
हमें भी खूब ज़माने ने आज़माया है ॥

बगैर तेल ही जलता दिया तमन्ना का
हमारी आरज़ू ने ही इसे जलाया है ॥

5

नज़र भर तुझे देखना चाहती हूँ ।
तुझे साँवरे पूजना चाहती हूँ ॥

किरन डोलती सिंधु की उर्मियों पर
वहीं पर कहीं आसरा चाहती हूँ ॥

पड़ा जो सुमन देवता के चरण में
उसे प्यार से चूमना चाहती हूँ ॥

चले आँधियाँ या कि तूफ़ान आये
न टूटे वही हौसला चाहती हूँ ॥

उधर चाँद कुछ कर रहा है इशारे
मैं सारा गगन घूमना चाहती हूँ ॥

चलन है जहाँ में नहीं अब वफ़ा का
मगर हमसफ़र बावफ़ा चाहती हूँ ॥

बरसता जहाँ तेरी उल्फ़त का पानी
उसी ठौर पर भीगना चाहती हूँ ॥

6

ज़माने को न जाने क्या हुआ है ।
जिसे देखो वही उलझा हुआ है ॥

अँधेरी रात की जुल्फों में फँस कर
गगन में चंद्रमा लटका हुआ है ॥

है उड़ती जुगनुओं की पाँत ऐसे
सितारों का हमें धोखा हुआ है ॥

ग़मों की आँधियों में दिल हमारा
तुम्हारी याद से लिपटा हुआ है ॥

तुम्हीं हो ख़्वाब में छाये हमारे
तुम्हारा प्यार ही सपना हुआ है ॥

भला यह तृप्ति कैसे दे सकेगा
नयन से नीर जो बहता हुआ है ॥

दिखाये वो किसी को राह कैसे
स्वयं जो राह से भटका हुआ है ॥

7

जैसे हो ज़िंदगी से निभा लेना चाहिये ।
आँखों मे कोई ख़्वाब बसा लेना चाहिये ॥

अब दफ़्न हो चुकी है वो माज़ी की दास्तां
मुमकिन अगर हो याद भुला लेना चाहिये ॥

हैं फूल डालियों पे मगर ख़ार भी कई
तितली से जा के रंग चुरा लेना चाहिये ॥

अब इंतज़ार की तो हदें टूट ही चुकीं
आयेगा तू ये आस जगा लेना चाहिये ॥

हर ओर मुसीबत है औ हर ओर अँधेरा
इक आस का दिया भी जला लेना चाहिये ॥

गलती से भी न हाथ मिले झूठ से कभी
सच के लिये तो सिर भी कटा लेना चाहिये ॥

दुख सुख का रास्ता है ये भटका रहा हमें
जिस ओर भी हो पाँव बढ़ा लेना चाहिये ॥

8

ले नाम साँवरे का अब अपनी गुज़र होगी ।
घनश्याम की दया की हम पे भी नज़र होगी ॥

चाहत नहीं हमें है दौलत की या महल की
मेहनत से जो मिलेगा उसमें ही बसर होगी ॥

है आज अँधेरा तो दहशत का काम क्या है
गुजरेगी रात काली अपनी भी सहर होगी ॥

हम लाख छुपायें पर हैं अश्क़ बोल देते
जो बीत रही हम पर तुमको भी खबर होगी ॥

जो सर कटा रहे हैं अपने वतन की ख़ातिर
अब दास्तान जग में उन की ही अमर होगी ॥

मुश्किल से गुज़रते हैं लम्हे ग़मे फुरकत के
तुम तक जो पहुँचती हो कोई तो डगर होगी ॥

कल तक जो हमारे थे अब ग़ैर बन गये हैं
पर उनकी दुआ भी कुछ करती तो असर होगी ॥

9

दे चुका ग़म की तू सज़ा मुझ को ।
अब तो थोड़ी खुशी दिला मुझ को ॥

हर कदम साथ मैं रही तेरे
छोड़ फिर क्यूँ चला गया मुझ को ॥

दर्द अब तो गुज़र गया हद से
दे भी दे अब कोई दवा मुझ को ॥

सर पे साया है रब की रहमत का
है किसी की लगी दुआ मुझ को ॥

जो मुकर जाये अपने वादे से
है न उस से कोई गिला मुझ को ॥

दिल भटकने लगा है माज़ी में
आज है जाने क्या हुआ मुझ को ॥

तल्ख़ लहज़े हैं ज़िन्दगानी के
मत कोई जख़्म दे नया मुझ को ॥

10

हर कदम चोट पर चोट खाते रहे ।
पाँव पर मुश्किलों में बढ़ाते रहे ॥

चश्मे नम में भरे अश्क़ तो थे मगर
हम बिना बात ही मुस्कुराते रहे ॥

हर तरफ़ तीरगी हर तरफ़ बेकली
आस के पर दिए जगमगाते रहे ॥

सूरते हाल अपना निहारा नहीं
उँगलियाँ दूसरों पर उठाते रहे ॥

नींद उलझी हुई ख़्वाब खोये हुए
याद का पर बिछौना बिछाते रहे ॥

खून से रँग रहे हैं जमीं प्यार की
आप इल्ज़ाम हम पर लगाते रहे ॥

है किसे ये खबर मर गयीं हसरतें
लोग आते रहे लोग जाते रहे ॥

11

बन्द दिल की किताब हो साहिब ।
आप तो लाजवाब हो साहिब ॥

सिर्फ़ देना ही है रही फ़ितरत
इक अजब सा हिसाब हो साहिब ॥

हम तो हर बार हार जातें हैं
तुम मगर कामयाब हो साहिब ॥

प्यास दिल की कभी नहीं बुझती
तुम तो जमजम का आब हो साहिब ॥

है गुनाहों से ये भरी दुनियाँ
तुम अकेला सवाब हो साहिब ॥

ज़िंदगी में सवाल हैं उठते
तुम सभी का जवाब हो साहिब ॥

आरजू है कि पा सकूँ तुम को
हो न पूरा वो ख़्वाब हो साहिब ॥

12

आज अम्बर है बहुत रूठा हुआ ।
लग रहा मौसम भी है सहमा हुआ ॥

बढ़ रहे हैं पीढ़ियों में फासले
जिंदगी का दौर है बदला हुआ ॥

फूल के एहसास जागे जब दिखा
एक भँवरा दूर पर उड़ता हुआ ॥

पूछते हैं पात कुम्हलाते हुए
है उमस इतनी हवा को क्या हुआ ॥

यूँ कई मेले ज़माने में मगर
है यहाँ हर शख़्स ही तन्हा हुआ ॥

पीर हम किससे कहें हैं ग़ैर सब
एक आँसू आँख में ठहरा हुआ ॥

छाँव पाने को तरसते अब सभी
जो बगीचा था यहाँ वो क्या हुआ ॥

13

सपने रोज़ सजा कर देख ।
अपने दर्द भुला कर देख ॥

दीवारें कुछ कहती हैं
उनसे कान लगा कर देख ॥

टूट पड़ेंगे सब तुझ पे
कच्ची नींद जगा कर देख ॥

सारे सपने सच होंगे
आगे पाँव बढ़ा कर देख ॥

दुनियाँ है रंगीन बहुत
थोड़ा तो मुस्का कर देख ॥

भूखा बच्चा रोता है
उसको आज हँसा कर देख ॥

दिल हल्का हो जायेगा
रोक न अश्क़ बहा कर देख ॥

14

रिश्तों की गरमाई देख ।
यादों की परछांई देख ॥

लड़ता बेटा सीमा पार
अब आँखें पनियाई देख ॥

जिसको ममता की है आस
बेटी की रुसवाई देख ॥

दुनियाँ के मेले बेज़ार
इस दिल की तनहाई देख ॥

ठिठुर रही है उघरी देह
फटती आज रजाई देख ॥

पाने हेतु निवाला एक
लुटती घर की जाई देख ॥

खुदती सुख दौलत के बीच
कितनी गहरी खाई देख ॥

15

जहां में जो औरत बनायी गयी थी ।
खुशी जिंदगी की बढ़ायी गयी थी ।।

उसी ने सहे ज़ुल्म सारे जहां के
सजा भी उसी को सुनायी गयी थी ।।

मसर्रत बनी जिंदगी में सभी की
सभी से मगर वो सतायी गयी थी ।।

नहीं बोल पाई कभी सिर उठा कर
ये तहज़ीब उसको सिखायी गयी थी ।।

कभी बदनसीबी रहा जन्म उस का
कभी दांव पर वो लगायी गयी थी ।।

पकड़ शीश रोता पिता बेटियों का
वो ससुराल जा कर जलायी गयी थी ।।

रही माँ बहन और बेटी किसी की
न पर लाज उसकी बचायी गयी थी ।।

16

बेवज़ह भी हमे मुस्कुराना पड़ा ।
जो था वादा किया वो निभाना पड़ा ॥

वो जो रिश्ता उसूलों पे हावी रहा
बस उसी के लिये ग़म भुलाना पड़ा ॥

कोई समझे न समझे फ़साना मेरा
फिर भी महफ़िल में सबको सुनाना पड़ा ॥

थीं बहारें सभी छोड़ गुलशन गयीं
फूल पर पतझड़ों में खिलाना पड़ा ॥

साँवरे पर निछावर किया दिल जिगर
जब भी रूठा हमें ही मनाना पड़ा ॥

राह पर हर मिलीं ठोकरें इस क़दर
मोड़ को हर हमें आज़माना पड़ा ॥

इश्क़ का रोग ऐसा लगा साँवरे
चैन सब ज़िंदगी का गंवाना पड़ा ॥

17

दर्द को दिल मे छुपाना आ गया ।
रोक आँसू मुस्कुराना आ गया ।।

हो गया ऐसा असर है इश्क़ का
चैन दिल का भी चुराना आ गया ।।

ख़्वाब फिर हैं नैन में सजने लगे
फिर लबों को गुनगुनाना आ गया ।।

राह मंजिल की कठिन बतला रहे
पाँव उन को भी बढ़ाना आ गया ।।

चीर कर छाती हिमालय की हमें
नीर गंगा में बहाना आ गया ।।

बोलियाँ लगने लगीं जज़्बात की
उफ़ है ये कैसा ज़माना आ गया ।।

अब भरम कोई ज़माने का नहीं
यार अब अपना ठिकाना आ गया ।।

18

श्याम बिन ज़िन्दगी यूँ रही है गुज़र ।
है अँधेरा घना जाने हो कब सहर ।।

अब बुलाने से भी पास आता नहीं
लग गयी साँवरे को किसी की नज़र ।।

रात दिन सब उसे टेरते ही रहें
बेकली जो हुई है उसी का असर ।।

दिन मिलन के सभी ख़्वाब बन उड़ गये
कब विरह आ गया हो न पायी खबर ।।

ख़्वाब सब खो गये नींद ही उड़ गयी
ख्वाहिशें छटपटाने लगीं टूट कर ।।

प्यास इतनी बढ़ी है हृदय नैन की
सब निछावर करूँ इक दरश बूँद पर ।।

डायरी में रहे कैद जो अब तलक
बन के पंछी वो पन्ने उड़े बेक़दर ।।

19

वतन से कीमती ये सर नहीं है ।
किसी से देश यह कमतर नहीं है ॥

इसी की धूल में पल कर बढ़े हम
कोई भी देश से बढ़ कर नहीं है ॥

नहीं है मन हमारा काँच जैसा
तभी तो टूटने का डर नहीं है ॥

हमारा हौसला जो तोड़ पाये
बना ऐसा कोई पत्थर नहीं है ॥

बरसता स्नेह जल दाने बिखेरो
उगेंगे सब धरा बंजर नहीं है ॥

चले आओ पहन कर मित्र-बाना
कोई ये वैर का अवसर नहीं है ॥

सभी को तृप्ति का उपहार दे जो
बुझाता प्यास वह सागर नहीं है ॥

20

कहीं है तड़प किसी फूल की कहीं आने वाली बहार है।
मेरे यार को जो तलाश दे वही दिल की सच्ची पुकार है॥

है किधर पवन वो मचल रहा जिसे है तलाश ख़ुमार की
किसी ओर से तो कहीं मिले मेरा साँवरा मेरा यार है॥

लिये आस हूँ बड़ी प्यास है भरीं दिल में मेरे उदासियाँ
उसे दूँ दुआएँ मैं उम्र भर जो पिला दे घूँट वो प्यार है॥

है नशीली नज़रें बता रहीं कि न नींद आयी है रात भर
हैं झुकी झुकी सी पलक तेरी भरा आँख में भी ख़ुमार है॥

शबे हिज्र का है सिला यही कि न यार की है ख़बर कोई
यही बेबसी यही बेकली मेरी ज़िंदगी में शुमार है॥

गया साथ तू मेरा छोड़ कर ये थीं वक्त की मजबूरियाँ
न ही शिक़वा है न गिला कोई न दिलों के बीच दरार है॥

तू खयाल है तू ही ख़्वाब है मेरे दिल पे है तेरा अक्स ही
कभी बेवफ़ाई करें नहीं किया हम ने खुद से क़रार है॥

21

श्याम से जब मेरा दीदार हुआ ।
प्यार का आँख से इज़हार हुआ ।।

बेख़बर खुद से हो गया ये दिल
हर अदा से है उसकी प्यार हुआ ।।

तूने देखा जो नज़र कर तिरछी
तीर सा जैसे दिल के पार हुआ ।।

इस क़दर हिज्र सताता है हमें
अब तो जीना भी है दुश्वार हुआ ।।

तेरी यादों की चिरैया चहकी
मेरा आँगन तभी गुलज़ार हुआ ।।

जो बिछाता है गोट दहशत की
जान लो जीस्त से बेज़ार हुआ ।।

छोड़ दुनियाँ जो हो गया रब का
भिन्न सब से वही किरदार हुआ ।।

22

ख़्वाब में हमको बुला कर ज़िंदगी भर देखना ।
ये घनी तारीक़ियां रौशन बना कर देखना ॥

दो कदम आ कर बदल देते हैं राही रास्ते
चल सको तो जिंदगी भर साथ आ कर देखना ॥

आसमां के आँसुओं से तर ब तर हर पंखुड़ी
दीद ए तर पोंछ कर नज़रें उठा कर देखना ॥

है बड़ी सहमी हवा गुमसुम हैं सारी वादियाँ
तोड़ने को तल्खियाँ खंज़र चला कर देखना ॥

फिर सुनाने आ गए हैं दर्दो ग़म की दास्तां
प्यार के दो बोल कह मरहम लगा कर देखना ॥

कर रहे हैं मुफ़लिसी में जो गुजारा इस क़दर
जिंदगी उनकी जरा बेहतर बना कर देखना ॥

हर गुज़रता पल नज़ाकत से है होता रूबरू
बस जरा सा प्यार का संदल मिला कर देखना ॥

23

न पूछो कि ये सब कहाँ हो रहा है ।
हर इक आदमी बेनिशां हो रहा है ॥

न जाने है किसने सिखाया ये सबको
प्रकृति से मनुज बदगुमां हो रहा है ॥

हुआ खुल के अब साँस लेना भी मुश्किल
घुटन से भरा ये जहां हो रहा है ॥

हर इक ओर है गंदगी का नज़ारा
जिधर देखते हैं वहाँ हो रहा है ॥

समझना है मुश्किल गणित जिंदगी का
भरा धूल से आसमां हो रहा है ॥

हैं चिड़िया के दड़बे बने फ्लैट सारे
हर इक शख़्स बेआशियां हो रहा है ॥

न तालाब दिखते न पोखर न नाले
पटा सिर्फ कूड़ा कुआं हो रहा है ॥

24

हृदय की बात सबको यूँ बताओ मत।
किसी को दर्दे दिल अपना दिखाओ मत॥

घनी काली घिरी हैं बदलियाँ नभ में
बड़ी बेचैनियाँ हैं दूर जाओ मत॥

तुम्हारा साथ ही अपना सहारा है
न हो बेदर्द यूँ दामन छुड़ाओ मत॥

मुसीबत में झटक कर हाथ जो चल दे
उसे तुम छोड़ दो रिश्ता निभाओ मत॥

कभी भी प्यार को उपकार मत समझो
जताये ग़र कोई तो पास जाओ मत॥

भलाई दूसरों की हो अगर मुमकिन
किसी के सामने दामन बढ़ाओ मत॥

कभी तनहाइयाँ भी गुनगुनाती हैं
मगर साथी उन्हें अपना बनाओ मत॥

25

हैं मसले ज़िन्दगानी के दलीलों पर नहीं चलते ।
करो हर ख़्वाब सच सपने इरादों से नहीं चलते ।।

स्वयं उद्योग कर के कुछ दिखाना भी जरूरी है
धरम के काम दुनियाँ में मिसालों पर नहीं चलते ।।

कदम दो चार चल कर राह अपनी कर जुदा लेते
करें क्यों साथ उनका ठीक राहों पर नहीं चलते ।।

सताया मुफ़लिसी ने इस क़दर दम हार बैठे हैं
जलाती भूख है तब लोग फ़तवों पर नहीं चलते ।।

उसूलों की हरिक सख़्ती गरीबों का नसीबां है
नियम कानून भी हरदम अमीरों पर नहीं चलते ।।

भरी दहशत दिलों में हो तो कैसे चैन से बैठें
सँदेशे शांति के ठहरी हवाओं पर नहीं चलते ।।

तसव्वुर के फ़क़त पंछी हैं उड़ते आसमानों में
जिन्हें पानी हक़ीक़त है मुरादों पर नहीं चलते ।।

26

तड़पे है दिल हमारा तुम्हारा पता नहीं ।
हमने किया था प्यार ये कोई ख़ता नहीं ।।

रातों का था अँधेरा औ तुम सोये चैन से
हमको ही ये नियामतें होती अता नहीं ।।

यादों के वलवले हैं औ अश्क़ों के सिलसिले
झूठा भरम मिलन का कोई पालता नहीं ।।

उस ओर दिल्लगी है तो इस ओर दिल लगी
मिन्नत करूँ हज़ार कि अब यूँ सता नहीं ।।

तूफ़ान आँधियों में सँभल ही नहीं पाते
गिरते यहाँ दरख़्त हैं गिरती लता नहीं ।।

हाथों रची हिना का चटक रंग लाल है
पक्का है रंग यूँ ही तो ये छूटता नहीं ।।

मंजिल बसी निगाह में हों ख़्वाब आँख में
होता उन्हें कभी कोई मुगालता नहीं ।।

सबको ही जमाने में मसर्रत अज़ीज है
दुख दर्द तो किसी से कोई माँगता नहीं ।।

27

मोहब्बत कुछ ऐसी जता कर गये हैं ।
मेरे दिल में नश्तर लगा कर गये हैं ॥

न जाने हुई क्या ख़ता हमसे ऐसी
पराया सा हमको बना कर गये हैं ॥

बहुत दूर तक तेरी यादों के साये
मेरा साथ अब तक निभा कर गये हैं ॥

जरा तू ही मुमकिन बना इसको यारब
कई बार हम दर पे आ कर गये हैं ॥

पलट कर जरा देख ले तू इधर भी
तेरे रंगों बू में समा कर गये हैं ॥

तरफ़ हर मोहब्बत की परछाइयाँ हैं
इन्हीं में खुदी को मिटा कर गये हैं ॥

पुराने हुए सब मुहब्बत के किस्से
इन्हें लोग दिल से भुला कर गए हैं ॥

28

जो छोड़ गये उनको भुला क्यों नहीं देते ।
यादों के निशाँ तुम भी मिटा क्यों नहीं देते ॥

फूलों की तमन्ना में बहारें हैं फसुर्दा
इनको किसी गुलशन का पता क्यों नहीं देते ॥

इस झूठ की दुनिया में जो सच ढूंढ़ रहे हैं
आईना कोई उनको दिखा क्यों नहीं देते ॥

आसान बहुत हो गया दिल तोड़ के जाना
तुम साथ हमारा ये निभा क्यों नहीं देते ॥

हर बात में ही झूठ के जो साथ हैं उनको
सच्चाई की राहों पे चला क्यों नहीं देते ॥

पानी न मिला जिनको वो मुरझाने लगे हैं
सूखे हुए सब फूल खिला क्यों नहीं देते ॥

बढ़ने नहीं देती हमें मुश्किल ये कहीं भी
रस्ते से मुश्किलों को हटा क्यों नहीं देते ॥

29

तराने मोहब्बत के गाते रहे हैं ।
हमें बेवफ़ा भी बताते रहै हैं ॥

कोई जोर चलता नहीं वक़्त पर है
मिला जो हमें बस निभाते रहे हैं ॥

नहीं आशनाई कोई ग़म से फिर भी
हमेशा वही पास आते रहे हैं ॥

भुलाने की कितनी भी हैं कोशिशें कीं
मगर वो बहुत याद आते रहे हैं ॥

वही ठोकरें मारते आज हमको
हमें संगदिल जो बताते रहे हैं ॥

उन्हीं से लगा मेरा दिल जा के यारब
जो दिल को खिलौना बनाते रहे हैं ॥

मेरे शीश ए दिल में है अक्स उनका
मुझे जो नज़र से गिराते रहे हैं ॥

30

यूँ ही दिल सोचता रहा होगा ।
रात ने भी न कुछ कहा होगा ॥

दर्द ने तोड़ दीं हदें सारी
अश्क़ तब आँख से बहा होगा ॥

अब न खामोशियों का लो सदका
बंद रख लब बहुत सहा होगा ॥

ज़ब्त की हद अगर गुज़र जाये
फिर वो एहसासे इंतहा होगा ॥

लड़खड़ाये थे जब क़दम उसके
यार ने हाथ तब गहा होगा ॥

चैन दिल को नहीं मिला उसके
बस इसी से हुआ तनहा होगा ॥

आँधियों में महल नहीं गिरते
फिर कोई झोंपड़ा ढहा होगा ॥

31

दिल के नजदीक आ गया कोई ।
मुझसे मुझको चुरा गया कोई ॥

यूँ तो वादे किये हज़ारों ने
अपना वादा निभा गया कोई ॥

जश्न हैं रोज ही मनाते हम
यूँ ही मातम मना गया कोई ॥

है कफ़स में न जिंदगी रहती
मर रहे थे जिला गया कोई ॥

नफ़रतों से भरा शहर सारा
नेह - गंगा बहा गया कोई ॥

दूर जा कर खुशी नहीं मिलती
पास किस्मत से आ गया कोई ॥

भूल बेगानेपन की बातों को
सबको अपना बना गया कोई ॥

32

बेवज़ह दर्द की वज़ह पूछी ।
तू जहाँ है वही जगह पूछी ॥

ये ख़लिश जैसे कोई गहरा कुंआ
पीर उठती क्यों बेतरह पूछी ॥

करवटें क्यों रहा बदलता वो
कोई समझे न इस तरह पूछी ॥

हर लहर नाव डगमगाती है
रात पूछी नहीं सुबह पूछी ॥

सबकी खामोशियाँ नुमायां थीं
फिर भी पूछी तो बेवज़ह पूछी ॥

ठहर गयी जो लबों पर आकर
उस हँसी की नहीं वज़ह पूछी ॥

चाँद डूबा तो सितारे डूबे
रात डूबी थी किस तरह पूछी ॥

33

चुप न यूँ देर तक रहा जाये ।
दुश्मनों पर भी कुछ लिखा जाये ॥

जुल्म की इंतहा है करते जो
दर्द उनको अता किया जाये ॥

जो न इंसानियत समझता है
उससे क्यों राब्ता रखा जाये ॥

बेगुनाहों को क़त्ल जो करता
भाग में उसके बद्दुआ जाये ॥

लोग फूलों को हैं मसल देते
चल के काँटो में अब रहा जाये ॥

जिनको उल्फ़त हुई तशद्दुद से
ऐसे लोगों से क्यों मिला जाये ॥

देश पर जां निसार जो करते
नाम उनका भी तो लिया जाये ॥

34

हथेली पर हिना के रंग मेरा नाम लिक्खा है।
समझती खुद को है राधा मुझे घनश्याम लिक्खा है ॥

बसा ली आँख में अपनी है मेरी साँवली सूरत
हृदय की भीत पर उसने कहीं ब्रजधाम लिक्खा है ॥

निराला शोख़ सा अंदाज है अनुपम अदाएँ भी
तभी तो लाल चूनर पर सलोना श्याम लिक्खा है ॥

न आता है न मेरी बात का उत्तर ही कुछ देता
हमारे प्यार का अब कौन सा अंजाम लिक्खा है ॥

सुने हमने भी हैं सदियों से रांझा हीर के किस्से
हमारे हाथ पर रिश्ता कोई बेनाम लिक्खा है ॥

जिन्हें सरहद की चिंता है लगे जो देश के हित में
नहीं तक़दीर में उनके कभी आराम लिखा है ॥

भुला कर स्वार्थ अपना जो जिये हैं और की ख़ातिर
उन्हीं के वास्ते दुनियाँ में ऐसा काम लिक्खा है ॥

35

ज़िंदगी से हर कोई करता गिला है ।
ज़िंदगानी में किसी को क्या मिला है ।।

हैं पलट कर जब कभी भी देख पाये
जूझने का एक लंबा सिलसिला है ।।

मत वफ़ा की किसी से उम्मीद रखना
बेवफ़ाई ही वफ़ाओं का सिला है ।।

रीढ़ किसकी देह में है बची अब तक
हो गया व्यक्तित्व सबका पिलपिला है ।।

हो गया है रात का अंतिम पहर ये
चाँद का अस्तित्व भी अब झिलमिला है ।।

हो न जाये सत्य का परचम पुराना
झूठ से लड़ कर यही तो अब मिला है ।।

याद रखना वक्त है नित आज़माता
कंज उन्नति-कीच के भीतर खिला है ।।

36

दिल में बसी जो मूरत कैसे दिखाये कोई ।
जो प्यार भरा दिल में कैसे बताये कोई ॥

कुछ इस तरह लुभाता है रूप साँवरे का
यूँ दिल में रह रहा है कैसे छिपाये कोई ॥

नज़रें मिला के पल में जो दिल को लूट जाये
उस बेवफ़ा की उल्फ़त क्या आजमाए कोई ॥

होता समां सुहाना पतझड़ बहार या फिर
जब ख़्वाब में समा कर यूँ मुस्कुराए कोई ॥

आ जा कि राह लंबी मंजिल भी है अजानी
तू साथ है नहीं तो क्या राह पाये कोई ॥

पंछी हैं चहचहाते भंवरे हैं गुनगुनाते
ऐसे में साँवरे को जाकर बुलाये कोई ॥

पनघट पड़ा है सूना पतवार भी नहीं है
नैया में छेद कैसे अब पार जाये कोई ॥

37

बड़े विश्वास से सब प्यार के रिश्ते बनाते हैं।
मगर जब वक्त आता है तो अक्सर भूल जाते हैं ॥

न जाने कब कहाँ किस ओर से हैं आँधियाँ आतीं
उसी बस एक पल में आशियाने टूट जाते हैं ॥

जनम है बीत जाता घर गृहस्थी को जुटाने में
मगर जब काल आता है यहीं सब छोड़ जाते हैं ॥

बहुत मुश्किल समझना है ज़माने के फ़साने को
यहाँ पर लोग आकर दूसरों का दिल दुखाते हैं ॥

चले आओ कभी तो तुम जगत की शांत गलियों में
जरा देखो कि तुम बिन ज़िंदगी कैसे बिताते हैं ॥

भले सच झूठ हो जाये लुटे ईमान की दौलत
जिन्हें सच्ची मोहब्बत है क़दम कब डगमगाते हैं ॥

दिया जो ज्ञान गीता का कन्हैया ने समर में था
उसे स्वीकार कर ही वीर सिर को भी कटाते हैं ॥

38

है नहीं कुछ भी बचा काँटों के मंज़र के सिवा ।
गुलशनों के पास है क्या सिर्फ़ पत्थर के सिवा ।।

हर तरफ़ दहशत का आलम हर तरफ़ ख़ूरेज़ियाँ
ज़िंदगी में बच रहा क्या आज नश्तर के सिवा ।।

जी रहे खुद के लिये ही ज़िंदगानी खाक़ कर
कब रही है ज़िंदगी यादों के बिस्तर के सिवा ।।

आइए हम आप मिल कर कुछ निकालें रास्ता
कुछ नहीं रह जाएगा वरना बवंडर के सिवा ।।

फूल बरसाओ बिछाओ या कि कलियाँ राह में
कौन समझा पीर दिल की एक रहबर के सिवा ।।

थे बहुत से लोग यूँ तो दर्दे दिल के आशना
दिल को भाया ही न कोई उस सितमगर के सिवा ।।

हम भटकते ही यहाँ से थे वहाँ तक उम्र भर
पर सुकूँ पाया नहीं हमने तेरे दर के सिवा ।।

39

ज़िंदगी खुद को छल रही होगी ।
आग में अपनी जल रही होगी ॥

दर्द माना बहुत ज़माने में
पीर हिम बन पिघल रही होगी ॥

धूप चुन चुन जला रही सबको
छाँव तरु पर मचल रही होगी ॥

गुलशनों में हैं बहारें आयीं
कोई तितली टहल रही होगी ॥

खुशबुओं का भरा खज़ाना है
गंध कलियों में पल रही होगी ॥

चील कौवों की रंगदारी है
दुश्मनों की नसल रही होगी ॥

हैं न हमदर्दियाँ किसी दिल में
नफ़रतों की फ़सल रही होगी ॥

40

कुछ अजब देखा नज़ारा आज इस फुटपाथ पर ।
लुट रही है औरतों की लाज इस फुटपाथ पर ॥

वो अनाथों सी अकेली फिर रही थी बेसबब
और बन बैठा कोई सरताज़ इस फुटपाथ पर ॥

एक रोटी के लिये सिर फोड़ देते लोग हैं
है कबूतर पर झपटता बाज इस फुटपाथ पर ॥

लोग यूँ भी तो गुज़रते ही रहे शामो सहर
कुछ अनोखे हो गए अंदाज़ इस फुटपाथ पर ॥

कोई अब कुछ भी कहे करते नहीं परवाह हम
हो चला है अब हमें भी नाज़ इस फुटपाथ पर ॥

बिक गये लालो जवाहर कौड़ियों के मोल में
पर रुलाती अब यहाँ है प्याज इस फुटपाथ पर ॥

है बहुत आकाश ऊँचा कौन पहुंचेगा वहाँ
ख़्वाब सारे कर रहे परवाज़ इस फुटपाथ पर ॥

41

दिल में उसके भी कुछ रहा होगा ।
यूँ ही अपना नहीं कहा होगा ॥

रात कब चैन से गुज़रती है
धड़कनों ने भी कुछ सहा होगा ॥

अश्क़ आँखों में छिपे रहने दो
बह गये तो न जाने क्या होगा ॥

दिन जो गुज़रे तो शाम भी आये
दर्द फिर दिल में आ रहा होगा ॥

पीर कुछ इस तरह उमड़ती है
सब्र का हर किला ढहा होगा ॥

इस तरह उसकी बेवफ़ाई भी
वक्त का फ़ैसला रहा होगा ॥

लफ़्ज़ ख़ामोश अश्क़ जारी थे
जाने क्या-क्या नहीं बहा होगा ॥

42

बसाया दिल में था जिसको हुआ है गुम ज़माने में ।
उसी को याद हैं करते ग़ज़ल के हर फ़साने में ।।

जिसे था ज़िंदगी का मैं ने अपनी रहनुमा समझा
वही मसरूफ़ है अब याद को मेरी भुलाने में ।।

नहीं जो ज़िंदगी के फ़लसफ़े को जान है पाया
हुआ मशगूल दुनियाँ को हुनर अपना दिखाने में ।।

सभी हैं जानते ताबीर ख़्वाबों को नहीं मिलती
मगर फिर भी लगे हैं ख़्वाब आँखों में सजाने में ।।

तुम्हारे बिन मेरे हमदम रहा अब तो नहीं जाता
न जाने तुम कहाँ किस ओर खोये हो ज़माने में ।

बड़ी हमदर्दियाँ हमसे जताते रात दिन थे जो
वही बन राहजन हैं आ गये इस आशियाने में ।।

न पूछा हाल दिल का औ न देखी बेबसी अपनी
हुए शामिल वही अब दूसरों का घर जलाने में ।।

43

कश्मकश में है फँसा ये दिल हमारा क्या करें ।
भूल पाता है न वो दिलकश नज़ारा क्या करें ॥

ख़्वाब आँखों में सजाते दुल्हनों के हैं सभी
कोख में पर बेटियों को रोज़ मारा क्या करें ॥

बेवफ़ा तक़दीर थी या वक्त ही दुश्मन हुआ
ढूँढ़ते आकाश में टूटा सितारा क्या करें ॥

लड़खड़ाये राह में या पाँव में काँटे चुभे
हर घड़ी दिल ने तुम्हें ही तो पुकारा क्या करें ॥

भाग्य को क्या दोष देना जो किया हमने किया
कर्म से ही है खुला किस्मत - पिटारा क्या करें ॥

जिस सिया हित राम ने था युद्ध रावण से किया
भेज वन में कर दिया खुद बेसहारा क्या करें ॥

कब अहम मन का मिटा पाया कभी इंसान है
है यही इतिहास भी करता इशारा क्या करें ॥

44

जहर यूँ ज़िंदगानी में घुला है ।
यहाँ जीना बड़ा मुश्किल हुआ है ॥

नज़र जब भी उठी देखा तुम्हीं को
मगर क्यों बीच में ये फ़ासला है ॥

गले में डाल बाहें चल रहा जो
उसी की जेब में खंजर मिला है ॥

लहू इंसान का हर रोज़ बहता
चला कैसा भयानक सिलसिला है ॥

चलाते वह जहाँ बंदूक रख कर
वो कंधा दूसरों ने ही दिया है ॥

कहें अपनी नहीं सुनते किसी की
चलन कैसा अजब ये चल रहा है ॥

कहीं रातें अँधेरों में गुज़रतीं
कहीं पर रात दिन जलता दिया है ॥

45

ज़माने ने जो ग़म मुझको दिया है ।
वही मेरी ग़ज़ल का काफ़िया है ॥

मसाइल हैं जो मेरी ज़िंदगी के
बदल उनको ही मतलों में दिया है ॥

हमेशा चोट है सीने पे खायी
हमीं ने तो जहर बढ़ कर पिया है ॥

सभी ने दर्द पाया ज़िंदगी में
फ़क़त खुशियों में कब कोई जिया है ॥

हुए घायल कदम थे लड़खड़ाये
सहारा दूसरों को पर दिया है ॥

निहारा दूर ही रह कर जमीं को
फ़लक़ ने प्यार तो फिर भी किया है ॥

उधेड़ो जख़्म सीने के न मेरे
बड़ी मुश्किल से ही इनको सिया है ॥

रहे जो पीठ में खंजर घुसाते
वही कहते हैं हमने क्या किया है ॥

46

ग़म की रातों का तो होता कोई सौदाई नहीं ।
इस ज़माने में है मिलती कहीं तनहाई नहीं ।।

खिलेंगे फूल मसर्रत के मेरे आँगन में
कली उम्मीद की मेरी कभी मुरझायी नहीं ।।

जब भी खोली है जुबां हमने तो है सच ही कहा
बेसबब हमने कभी कोई कसम खायी नहीं ।।

कोई शिक़वा न गिला सिर्फ़ मुहब्बत रहती
इश्क़ सच्चा हो तो होती कभी रुसवाई नहीं ।।

लोग सुनते हैं यहाँ सिर्फ़ हरे नोटों की
है गरीबों की कहीं भी कोई सुनवाई नहीं ।।

आ भी जाओ उदास हो गयीं तुम बिन राहें
धूप खुशियों की कभी भी तो इधर आयी नहीं ।।

हर कदम रंग बदलता है ज़माना देखा
उम्र हमने भी यहाँ यूँ ही तो गंवायी नहीं ।।

47

जीस्त मेरी किताब जैसी है ।
याद तेरी गुलाब जैसी है ॥

बिन पिये ही है दिल ये मतवाला
आँख उस की शराब जैसी है ॥

देख उसको महक गया गुलशन
अनछुए इक शवाब जैसी है ॥

सारी दुनियाँ करे सवाल कई
वो मगर चुप जवाब जैसी है ॥

है कभी चाँदनी बिछी जैसे
तो कभी आफ़ताब जैसी है ॥

जो किसी से भी हल न हो पाया
जिंदगी उस हिसाब जैसी है ॥

कोई इसको झुका नहीं सकता
शाह जैसी नवाब जैसी है ॥

48

मुल्क़ ग़र सावधान हो जाये ।
पस्त सारा जहान हो जाये ॥

ख़्वाब तो हर किसी की चाहत है
ख़्वाब की इक दुकान हो जाये ॥

घेर लेती है जब मुसीबत तो
हर बशर बे इमान हो जाये ॥

वो बड़ा खुशनसीब होता है
जिसके सर पर मकान हो जाये ॥

जिसके वालिद का हाथ हो सर पे
क्यों न उस को गुमान हो जाये ॥

झूठ हर ओर ऐंठता फिरता
सच का भी कोई ज्ञान हो जाये ॥

सामने अंतहीन अम्बर है
एक लंबी उड़ान हो जाये ॥

49

तुम्हें था कभी गैर हमने न माना ।
तुम्हें ही न आया मगर दिल मिलाना ॥

रहे हाथ हम दोस्ती का बढ़ाते
तुम्हीं को नहीं हाथ आया बढ़ाना ॥

जला देगी नफ़रत तुम्हें भी तुम्हारी
न आतंक की आग घर में लगाना ॥

हमारे तुम्हारे घरों बीच आँगन
न दीवार इसमें कभी तुम उठाना ॥

चलो राह माना कि मुश्किल बहुत है
पड़ेगा हमें पर इसी ओर जाना ॥

वो गलियाँ शहर और बचपन के किस्से
सभी को यहाँ पर पड़ा है भुलाना ॥

उठी आ रहीं आँधियाँ आपदा की
इन्हीं से बचा कर है मंजिल को पाना ॥

50

जिंदगी को गुनगुनाना आ गया ।
बस समझ लो मुस्कुराना आ गया ॥

था बहुत बेचैन दिल मायूस भी
दर्द से नजरें मिलाना आ गया ॥

साथ तो तनहाइयों का था मगर
ख़्वाब आँखों में सजाना आ गया ॥

रंग था अनुराग का भी लाल पर
खून भी उसमें मिलाना आ गया ॥

है बदलतीं रंग कब ये वर्दियाँ
आज दहशत का ज़माना आ गया ॥

ज़िंदगी भर दुश्मनी करता रहा
दोस्त वह बन कर पुराना आ गया ॥

फिर गगन लहरे तिरंगा झूम कर
ज़ुल्म का बदला चुकाना आ गया ॥

51

थे वफ़ा के मुंतज़िर दुश्मन बनाया आपने ।
जिंदगी को नर्क का मंजर दिखाया आपने ॥

बिजलियाँ हम पर गिरीं हमने मगर जाना नहीं
होश तो उस दिन हुआ जब घर जलाया आपने ॥

था सुलगता ही रहा दिल एक सीले काठ सा
आँख कड़वाई रही इतना रुलाया आपने ॥

दर ब दर फिरते रहे हम आपकी यादें लिये
संदली यादों में दर्दो ग़म मिलाया आपने ॥

आपकी ही आरजू की आपकी ही जुस्तजू
क्या हुआ ऐसा कि जो मुजरिम बनाया आपने ॥

जब बढ़ी तीमारदारी दर्द भी बढ़ता गया
बेखुदी का यह जहर क्योंकर पिलाया आपने ॥

है जमीं ख़ामोश चुप हो आसमां भी देखता
अब दिलों में फ़ासला इतना बढ़ाया आपने ॥

52

जुदाई जब मिली रोयी ग़ज़ल ।
सदा है ख़्वाब पर सोयी ग़ज़ल ॥

बहुत ढूंढ़ा मगर मिलती नहीं
खुदा जाने कहाँ खोयी ग़ज़ल ॥

भटकती शायरों के द्वार पर
खयालों में रही कोई ग़ज़ल ॥

बहुत अशआर होठों पर सजे
मगर भायी नहीं कोई ग़ज़ल ॥

हुआ मुश्किल बहुत जीना अगर
हमेशा अश्क़ से धोयी ग़ज़ल ॥

ग़मों से चूर हम जब जब हुए
जिगर पर दर्द सी ढोयी ग़ज़ल ॥

रही दर्दो सितम में साथ जो
शमा बन रोशनी बोयी ग़ज़ल ॥

53

कभी दिल से मिलाया दिल किसी ने ।
था गुलशन सा खिलाया दिल किसी ने ॥

दिखा कर के बड़े रंगीन सपने
कुछ ऐसे आज़माया दिल किसी ने ॥

कभी मजबूरियों की दास्तां कह
बड़ा बेबस बनाया दिल किसी ने ॥

रहे हम बाँटते ग़म दूसरों के
हमारा भी दुखाया दिल किसी ने ॥

सुना कर लाख नग़मे दर्दो ग़म के
कभी अपना बनाया दिल किसी ने ॥

बड़े जालिम फ़साने जीस्त के हैं
बहुत ज्यादा सताया दिल किसी ने ॥

कभी आ कर अचानक ज़िंदगी में
किया कितना पराया दिल किसी ने ॥

54

जब तमन्ना जवान हो जाये ।
जिंदगी इम्तहान हो जाये ॥

सिर्फ़ इंसानियत की बातें ही
क्यों न गीता कुरान हो जाये ॥

मिलके हम आप यह समझ लें तो
एक अपना मकान हो जाये ॥

रात कितनी भी हो अँधेरी पर
एक सुहाना विहान हो जाये ॥

भूमि भारत बने बृहत्तर फिर
काम कितना महान हो जाये ॥

हम अगर सीख लें गले मिलना
मुश्किलों का निदान हो जाये ॥

नाग पालें न अपनी बाहों में
दुश्मनी का जो ज्ञान हो जाये ॥

55

है गुज़रती ज़िंदगी शामो सहर के साथ में।
पर कहाँ वह बात थी जो हमसफ़र के साथ में ।।

बिन तुम्हारे ज़िंदगानी बे बहर जैसे ग़ज़ल
थी तुम्हारे साथ जो बहती बहर के साथ में ।।

झूठ सच सारी कहानी छप रही अख़बार में
ज़िंदगी चलने लगी है अब ख़बर के साथ में ।।

चीखती खामोशियाँ हैं हर तरफ है बेकसी
लोग हैं जीने लगे खूनी सहर के साथ में ।।

रोशनी उम्मीद की जैसे हमारी हमसफ़र
अब अँधेरे दरमियाँ ढलती उमर के साथ में ।।

हर खुशी है ग़ैर का दामन पकड़ जाने लगी
है बड़ी मायूसियाँ लंबी डगर के साथ में ।।

हो रहे विस्फोट धरती थरथराने है लगी
नाखुदा कोई नहीं कश्ती भँवर के साथ में ।।

56

कभी दूर यादों से होने न देंगे ।
भरी भीड़ में यार खोने न देंगे ॥

किसी मोड़ पर ग़र कभी मिल गये तो
तुझे दूर नज़रों से होने न देंगे ॥

बसा कर निगाहों में हम ख़्वाब प्यारे
कभी अपनी आँखों को सोने न देंगे ॥

चुरा लेंगे हम तेरी आँखो के आँसू
तुझे अपना दामन भिगोने न देंगे ॥

निगाहों में चाहे भरी बेकली हो
मगर आँख को तेरी रोने न देंगे ॥

भले टूट जाए बंधा बाँध सागर
उम्मीदों की कश्ती डुबोने न देंगे ॥

नहीं जीतने देंगे हम दुश्मनों को
उन्हें ख़्वाब जय के सँजोने न देंगे ॥

57

है न ऐसा कहीं जिगर कोई ।
मौत का हो जिसे न डर कोई ॥

ज़िंदगी जी रहा खुशी से वो
दर्द देखे नहीं जिधर कोई ॥

बिजलियाँ आसमान में चमकीं
किंतु टूटा नहीं क़हर कोई ॥

कौन कहता न सच रहा ज़िंदा
सत्य के पास है हुनर कोई ॥

मंजिलें दूर रह सकें कैसे
मिल गयी हो जिसे डगर कोई ॥

गाँव बदले शहर बने कितने
पर बना गाँव कब शहर कोई ॥

आज बिखरी है ज़िंदगी ऐसे
जिस तरह शे'र बे बहर कोई ॥

58

है न जाने कहाँ ज़िगर उनका ।
मौत से मन गया सिहर उनका ।।

जिंदगी में भरी खुशी जिनके
दर्द से साबका न डर उनका ।।

बिजलियाँ तड़तड़ा रहीं नभ में
बादलों ने सहा क़हर उनका ।।

सत्य को कौन मार सकता है
दिख रहा आज है हुनर उनका ।।

मंजिलें दूर कब हुईं उनसे
चल रहा साथ हमसफ़र उनका ।।

फेर कर मुँह चले गये जब वो
तब हुआ अजनबी शहर उनका ।।

वक्त हर ख़्वाब देखते उनके
हो गया आज हर पहर उनका ।।

59

खुदा की जो भी हो मर्जी वही मंजूर होती है ।
ये दुनिया वक़्त के आगे सदा मज़बूर होती है ॥

नहीं रुकता किसी के बिन कोई भी काम दुनिया में
तमन्ना हर मगर दिल की ग़मों से चूर होती है ॥

है पहिया वक़्त का रुकता नहीं रोके किसी के भी
बहुत बदलाव आते जिंदगी मज़बूर होती है ॥

नहीं है साथ तू साथी तो हैं कितने अकेले हम
सहम जाते हैं जब सूरत नज़र से दूर होती है ॥

हमें पा कर अकेला हैं चली आतीं तेरी यादें
मेरी तनहा मोहब्बत भी बड़ी मशकूर होती है ॥

चला भी आ मोहब्बत में कभी परदा नहीं होता
बिना देखे तुझे तनहाई भी भरपूर होती है ॥

सदा दिल तोड़ कर हँसना रहा दस्तूर दुनियाँ का
सज़ा देती है औरों को बड़ी मग़रूर होती है ॥

60

अब न अपनों से शिक़वा गिला दीजिये ।
नफ़रतों में मोहब्बत मिला दीजिये ॥

हम न जाएँ भले ही क्षितिज छोर तक
पर धरा को गगन से मिला दीजिये ॥

दुश्मनी ने जुबां को है कड़वा किया
दोस्ती की सुधा फिर पिला दीजिये ॥

चल रही खूब आतंक की आँधियाँ
नाश का यूँ न अब सिलसिला दीजिये ॥

छोड़ कर चल दिए राह में हाथ क्यों
अब वफ़ा का न ऐसा सिला दीजिये ॥

हैं खिजाओं से वीरान गुलशन मगर
फूल उम्मीद का फिर खिला दीजिये ॥

है समन्दर न सीमा कभी तोड़ता
अब लहर को जरा सा हिला दीजिये ॥

61

बढ़े जब वक़्त से रफ़्तार अपनी ।
बनेगी ज़िंदगी त्यौहार अपनी ।।

हमें तो आज ऐसा लग रहा है
सदा होती रहेगी हार अपनी ।।

बहुत बेचैन अब होने लगे हम
किसी को भी नहीं दरकार अपनी ।।

करे कोई भरे कोई यहाँ पर
करो हर भूल अब स्वीकार अपनी ।।

बहस करने से कब मुद्दे सुलझते
करें अब बंद यह तक़रार अपनी ।।

सँभल जायें यहाँ फिसलन बहुत है
करें ताकत नहीं बेकार अपनी ।।

लहर ऊँची अगर कोई डराये
तो कश्ती डाल दो मझधार अपनी ।।

62

हर दिल की यही कहानी है ।
ज़ख्मों से भरी जवानी है ॥

खुलता है नया सफ़ा हर दिन
फिर भी यह कथा पुरानी है ॥

मन में दूरियाँ बहुत हैं पर
रिश्तों की लिखी कहानी है ॥

कुछ तो हो क़दर समां की इस
यह पल थोड़ा रूमानी है ॥

आँखों की छलक रही मदिरा
लेकिन जग कहता पानी है ॥

कालिंदी निकट तनिक आ जा
तुझको निज व्यथा सुनानी है ॥

अब तो साँवरे सुना भी दे
तुझ को बाँसुरी बजानी है ॥

63

मौत सी ज़िंदगी कोई ख़्वाहिश न कर ।
दे सकूंगी नहीं तू गुज़ारिश न कर ॥

प्यार का दर्द है यार बेहद हसीं
तू इसे छीन लेने की कोशिश न कर ॥

दिल तो पहले ही ग़म में है डूबा हुआ
और जुल्मों सितम की तू बारिश न कर ॥

बेवफ़ाई की सौग़ात है मिल चुकी
अब वफ़ाओं की अपने नुमाइश न कर ॥

पाँव हैं कब्र में और सर पर कफ़न
जिंदा रहने की अब तो सिफ़ारिश न कर ॥

खुल गया पींजरा मुक्त पंछी हुआ
फिर इसे क़ैद, करने की साज़िश न कर ॥

छोड़ घर गाँव हैं जो गये देश से
इस जहां में तू उनकी रिहाइश न कर ॥

64

ज़िंदगी चलती नहीं तक़रार के कारण ।
हैं सुखी सब लोग सद्व्यवहार के कारण ॥

हैं पराजित हो गये तो ढूंढ़िए पहले
शत्रुओं की जीत अपनी हार के कारण ॥

मंजिलों की ओर बढ़ना छोड़ मत दीजे
मात्र साथी के किये इनकार के कारण ॥

क्या हुआ यदि राह बढ़ने की नहीं मिलती
क्या ठहर जायें कटीले तार के कारण ॥

लोग बहरे हो गए हैं सच नहीं सुनते
बोलबाला झूठ का इक़रार के कारण ॥

नाव साहस की लिये चलना नदी में भी
रोकना चप्पू न अब मंझधार के कारण ॥

बोझ माया के करो कम ज़िंदगानी से
कश्तियाँ हैं डूब जाती भार के कारण ॥

65

ज़िंदगी बे आसरा कर के गये हो ।
चैन इस दिल का उड़ा करके गये हो ॥

भट्ठियों सा जल रहा है तन बदन ये
आग बिरहा की लगा कर के गये हो ॥

जिंदगी मेरी सरापा कर गये तुम
और घर से मुस्कुरा कर के गये हो ॥

चाँद तारों में किया तुम ने ठिकाना
दीप आशा का बुझा कर के गये हो ॥

राह कोई भी दिखाई ही न देती
नक्श ए पा सब मिटा करके गये हो ॥

जो कभी कहना नहीं चाहा किसी से
बात वो सब को बता कर के गये हो ॥

जब तसव्वुर ही रहा तक़दीर में तो
ख़्वाब क्यों ऐसे दिखा करके गये हो ॥

66

साथ जब वो हमारे चले थे ।
थी खुशी प्यार के सिलसिले थे ॥

बात उस शख़्स की अब करें क्या
जिस के होंठो पे शिक़वे गिले थे ॥

अब फ़साने सुनाने लगे वो
कल तलक दर्द में जो पले थे ॥

फेहरिश्तें मुरादों की लंबी
ख़्वाब सारे मगर झिलमिले थे ॥

फूँक कर गैर के आशियाने
हाथ उनके दिए से जले थे ॥

जख़्म दिल के हुए और गहरे
होंठ लेकिन हमेशा सिले थे ॥

आज पतझार है उस चमन में
फूल कल तक जहाँ पर खिले थे ॥

67

जो तक़दीर में था वही तो मिला है ।
हमें ज़िंदगी से न कोई गिला है ।।

ज़माने में है होश जब से सँभाला
वही ग़म वही दर्द का सिलसिला है ।।

कभी तो कहीं पर हमें चैन मिलता
मगर हर कदम पाँव अपना जला है ।।

बहुत दूर तक दिख रहा रास्ता पर
निशाँ मंजिलों का न अब तक मिला है ।।

जिगर चाक़ है बह रहा खून देखो
जख़म यह वही है जो हमने सिला है ।।

थके पाँव हम से चला भी न जाये
भरम हौसले का हमारे हिला है ।।

चले मंजिलों की तरफ थे अकेले
रहा साथ में अश्क़ का काफ़िला है ।।

68

बहार आयी कि धोखे हुए नज़र के मुझे ।
पुकारने लगीं यादें ठहर ठहर के मुझे ॥

हुई दिवानगी तारी वजूद पे है मेरे
कहीं ये जख़्म न दे दे दिलो जिगर के मुझे ॥

भरा था दिल में बड़ा दर्द बड़ी बेचैनी
सुकूँ मिला है तेरी राह से गुज़र के मुझे ॥

जरा सी देर ठहर जाये तमन्ना मेरी
बुला रही है तेरी याद सज सँवर के मुझे ॥

कहाँ गयी वो हवा थी जो खुशबुओं वाली
चुभन गुलाब की देती रही सिहर के मुझे ॥

छिपी हुई कहीं पत्तों में आरजू की कली
शज़र की टहनियाँ छूने लगीं हैं डर के मुझे ॥

तमाम रात गुज़रती हैं करवटें लेकर
मिटा ही दे न ग़मे हिज्र ये उभर के मुझे ॥

69

जहन में भरी तीरगी आज क्यों है ।
जहर बन गई ज़िंदगी आज क्यों है ॥

हवाएँ तड़पती हुई लग रहीं क्यों
फ़िज़ाओं में इतनी नमी आज क्यों है ॥

तिरंगा बना आज है यूँ कफ़न क्यों
ये मद्धम हुई रोशनी आज क्यों है ॥

बढ़ाते रहें हाथ हम दोस्ती का
पड़ोसी लिये दुश्मनी आज क्यों है ॥

जहालत दिमागों में डेरा जमाये
यूँ खुद से खफ़ा आदमी आज क्यों है ॥

न शोहरत न दहशत कभी साथ जाती
मगर इसकी आदत हुई आज क्यों है ॥

लहू से रचें अल्पनाएँ जमीं पर
यही होड़ सब में मची आज क्यों है ॥

70

मुकद्दर में जिनके न रानाइयाँ हैं ।
समेटे दिलों में वो तनहाइयाँ हैं ॥

रहे देखते पर कभी मिल न पाये
जमीं और फ़लक़ में बड़ी दूरियाँ हैं ॥

बसा तुम गये हो जिन्हें पास मेरे
अभी पास मेरे वो खामोशियाँ हैं ॥

कभी धूल है छू न पायी गगन को
वही फ़ासले अपने भी दरमियाँ हैं ॥

क्षितिज पर मिलन का तमाशा दिखाती
जमीं की भी तो अपनी मजबूरियाँ हैं ॥

नहीं साथ लिक्खा मुक़द्दर में है पर
रहीं साथ में तेरी परछाइयां हैं ॥

मिला ही न कोई मसर्रत का क़तरा
बची ज़िंदगानी में वीरानियाँ हैं ॥

71

नेताओं के घर पर देखो चमचों का दरबार लगा।
जिधर उठायी नज़र उधर बस फैला भ्रष्टाचार लगा ॥

जनता के कष्टों की गिनती कब करता नेता कोई
ओहदा ऊंचा पा लेना ही उसको है त्योहार लगा ॥

हर खुशनुमा ख़्वाब आँखों का ग़र्क हो गया अश्क़ों में
मुफ़लिस की भूखी नज़रों को झूठा हर दीदार लगा ॥

नहीं ख़बर जनता के दुख की पत्रकार है हर कोई
चोरी हत्या खून डकैती से छपने अख़बार लगा ॥

गली-गली में चौराहों पर नारी की अस्मत लुटती
आतताइयों के आगे शासन जैसे लाचार लगा ॥

हनक दिखाया करते अपनी चुन कर संसद में आये
हुए मदांध इन्हें तो मुट्ठी में सारा संसार लगा ॥

कुछ मठ मंदिर मस्जिद जा कर बैठ गये साधू बन कर
दौलत से कुछ खेल रहे कुछ को प्यारा व्यभिचार लगा ॥

72

रात पहलू में जब मेरे सोयी ।
याद सीने पे लोट कर रोयी ।।

कोई टहनी गुलाब की टूटी
जाने किसके खयाल में खोयी ।।

सीप ने खोल दिया मुँह अपना
स्वाति की बूँद थी गयी बोयी ।।

दर्द इतना दिया ज़माने ने
आरज़ू अब नहीं बची कोई ।।

चाँद उतरा है झील के जल में
रश्मि तारों ने रात भर ढोयी ।।

छूट जब साथ ही गया तेरा
हर तमन्ना रही दिल मे गोई ।।

भोर में बूँद ओस की लेकर
हिज्र की पीर रात ने धोयी ।।

73

अब खुशी भोर लाती नहीं है ।
ज़िंदगी अब सुहाती नहीं है ॥

दिन गुज़रने लगे बेकली में
रात भर नींद आती नहीं है ॥

हर कदम पर खड़े हैं लुटेरे
अब कली मुस्कराती नहीं है ॥

है अनाचार से त्रस्त जनता
आस दुनियाँ बंधाती नहीं है ॥

द्रौपदी पूछती है सभा से
क्या तुम्हें लाज आती नहीं है ॥

सत्य की राह है शूल वाली
यह किसी को लुभाती नहीं है ॥

आज निर्लज्ज हैं वर्तिकाएँ
दीप लौ थरथराती नहीं है ॥

74

आँख आँसू बहाती रही रात भर ।
वस्ल की चाह भाती रही रात भर ॥

पी कहाँ पी कहाँ कह पपीहा रटे
कोकिला गीत गाती रही रात भर ॥

तोड़ डाली क़सम आप आये नहीं
पर शमा जगमगाती रही रात भर ॥

भीग कर तन बदन है सिहरने लगा
देह भी थरथराती रही रात भर ॥

भोर होगी सभी फूल खिल जायेंगे
हर कली यह मनाती रही रात भर ।

आम की डाल पर बैठ कर चातकी
चंद्रमा को बुलाती रही रात भर ॥

चाँद घूँघट घटा का हटा जब हँसा
रात तारे लुटाती रही रात भर ॥

75

गये जो दूर तक इस राह पर उनका निशाँ भी है ।
मुकम्मल है न ये दुनियाँ कोई दूजा जहाँ भी है ॥

मसर्रत कब भला सबको मिली तक़दीर के कारण
मुक़द्दर में लिखा हर एक के दर्दे निहां भी है ॥

हजारों ग़म हमारे दिल मे बैठे पालथी मारे
कहीं इन के लिये क्या दूसरा कोई मकां भी है ॥

खुशी है दूर पर बैठी नहीं पहचानती हमको
तकल्लुफ़ का कोई रिश्ता हमारे दरमियाँ भी है ॥

न जाने उस जहां में किस तरह तुम रह रहे होगे
हमारे साथ यादें आँसुओं का कारवां भी है ॥

बड़ी तनहाइयाँ हैं साथ रहतीं रहनुमा जैसी
रहे खुश हमसफ़र अपना भले चाहे जहाँ भी है ॥

ये माना दिल तुम्हारा भी बहुत बेचैन है रहता
वही दर्दो सितम हमदम वहाँ जो हैं यहाँ भी है ॥

76

आसमान में दिल के आफ़ताब हो जाना ।
जीस्त के सवालों का तुम जवाब हो जाना ॥

पाँव हो गये घायल अब चला नहीं जाता
ख़ार भरी राहों पर तुम गुलाब हो जाना ॥

साथ छोड़ कर मेरा ख़ैर तुम चले जाओ
चल न सकूँ मैं पर तुम कामयाब हो जाना ॥

रेगजार सी राहें प्यास भड़कती जाये
तिश्नगी मिटाने तुम धार-आब हो जाना ॥

कर रहा भलाई हर रहमदिल बशर लेकिन
कब हुआ जरूरी उनका सवाब हो जाना ॥

है ये आरजू दिल की बस यही तमन्ना है
ज़िंदगी का मेरी तुम एक ख़्वाब हो जाना ॥

पढ़ रहे सभी यों इक दूसरे को हैं लेकिन
है कहाँ मयस्सर दिल का किताब हो जाना ॥

77

साँवरे श्याम मुझको बुलाते नहीं ।
मैं बुलाऊँ मगर पास आते नहीं ॥

कौन बढ़ कर उसे रोक पाए कभी
पाँव सत - पंथ से जो हटाते नहीं ॥

मित्रता के लिये वार दूँ ज़िंदगी
रास्ते दुश्मनी के सुहाते नहीं ॥

है न शिक़वा बिना चाँद की रात से
चाँदनी के उजाले लुभाते नहीं ॥

दर्द की रात जल्दी न बीते कभी
भोर के जलजले रोज़ आते नहीं ॥

साँवरे यूँ परीक्षा न ले प्यार की
प्यार करते हैं जो वो सताते नहीं ॥

है कटी ज़िंदगी एक विश्वास पर
पा गये जो तुझे दूर जाते नहीं ॥

78

अब खुशी याद आती नहीं है ।
चश्मे नम मुस्कुराती नहीं है ॥

लाख पहरे लगे खुशबुओं पर
अब हवा गुनगुनातीं नहीं है ॥

आँख जो अश्रु से प्यार करती
वो नयन से गिराती नहीं है ॥

हो भजन या कि उट्ठे अजानें
शांति मन को दिलाती नहीं है ॥

काट डाले सभी वृक्ष हमने
धूप इतनी सुहाती नहीं है ॥

मैल किस ने बहाया नदी में
कोई नगरी बताती नहीं है ॥

स्वच्छता की क़सम रोज खाती
किन्तु दुनियाँ निभाती नहीं है ॥

79

है अश्क़ों की सौगात पायी हुई ।
ग़मों की है बस्ती बसायी हुई ॥

सदा ध्यान बाबुल का रखती मगर
कहें लोग बेटी परायी हुई ॥

नहीं बेवज़ह जल रहीं बस्तियाँ
अगन है किसी की लगायी हुई ॥

भरोसा किसी पर करें किस तरह
ज़माने से है चोट खायी हुई ॥

कभी थी दुल्हन बन के आयी जहाँ
उसी घर से देखो विदाई हुई ॥

श्रवण में रही रस मधुर घोलती
किसी की ग़ज़ल गुनगुनायी हुई ॥

गली नैन की नित रहे डोलतीं
विरद साँवरे की निभायी हुई ॥

80

बन गयी ज़िंदगी भार किसके लिये ।
कर रहे वार पर वार किसके लिये ॥

प्यार पर बोझ है बन गयी बेरुखी
हिज्र का है ये आसार किसके लिये ॥

खून ही खून बिखरा हुआ हर तरफ़
मन रहा है यों त्यौहार किसके लिये ॥

टहनियाँ फूल की थीं लचक से भरीं
बन गईं आज तलवार किसके लिये ॥

मुफ़लिसी जब निगल ही गयी ज़िन्दगी
फिर खनकते हैं कलदार किसके लिये ॥

ग़र वतन को नहीं दे सके ज़िन्दगी
हैं उठाये ये हथियार किसके लिये ॥

ज़ुल्म करना ही है काम जिनका यहाँ
आज उनकी ही मनुहार किसके लिये ॥

81

मन के उजले तन के थोड़े काले हैं ।
दिल सुंदर जज़्बातों के रखवाले हैं ।।

सहलाओ मत ज़ख़्मों को अब रहने दो
हम न कभी भी अश्क़ बहाने वाले हैं ।।

हाथ उठाये खड़े हुए हैं वो ऐसे
ज्यों सिर पर आकाश गिराने वाले हैं ।।

यूँ न भरोसा हर इंसां पर कर लेना
थोड़े हैं जो कौल निभाने वाले हैं ।।

बारम्बार करें यों साफ़ गला अपना
जैसे कोई गीत सुनाने वाले हैं ।।

चिनगारी नफ़रत की फिर न भड़क जाये
हम उल्फ़त के दीप जलाने वाले हैं ।।

चंद दिनों के जीवन की सौग़ात मिली
खाली हाथ जहां से जाने वाले हैं ।।

82

नहीं की ठीक से जो उस निगहबानी से आया है ।
अजब सैलाब ये बरसात के पानी से आया है ॥

सियासत में उलझ कर भूल बैठे फ़र्ज़ जो अपना
सितम सिर पर उसी करतूत मनमानी से आया है ॥

खुली है पोल उनकी जो समय रहते नहीं चेते
ये जल का जलजला उनकी मेहरबानी से आया है ॥

नगर अब मुम्बई है इक मुसीबत की कहानी सा
सलीक़ा हमको जीने का भी बारानी से आया है ॥

हवा का है कोई झोंका महकता डोलता फिरता
गुज़र कर झाड़ियों में रात की रानी से आया है ॥

छुड़ाया दामने उल्फ़त सभी ने दिल के हाथों से
वफ़ा करना हमे भी दिल की नादानी से आया है ॥

बसेरा कर रही दिल में तुम्हारी साँवली सूरत
मुहब्बत का ये जज़्बा सूर की बानी से आया है ॥

83

हम शज़र के लिये कब हुए भार हैं ।
जो बचाते गुलों को वही ख़ार हैं ॥

पत्थरों की तरह हैं अडिग ठोस हम
पर कली के हमेशा ही गमख़्वार हैं ॥

लोग फूलों को यूँ ही मसल जायेंगे
गुलशनों को किये हम ही गुलज़ार हैं ॥

कर रहे हैं हिफ़ाजत चमन की सदा
हर कली फूल के हम मददग़ार हैं ॥

लोग हैं मौसमों से बदलते मगर
जो न बदलें कभी हम वो किरदार हैं ॥

अब चलो काट दें नफ़रतों के शज़र
सींचते जो इन्हें हैं वो गद्दार हैं ॥

हाथ पर शीश ले लड़ रहे युद्ध जो
वो वतन के बड़े ही वफ़ादार हैं ॥

84

हमने ग़मों की मौत का सामान कर दिया ।
दर्दों सितम का मोल भी मुस्कान कर दिया ।।

लश्कर वो लिये आह का आये जो मेरे घर
अश्क़ों को चार दिन का ही मेहमान कर दिया ।।

बच्चों की लड़ाई थी लड़े और मिले भी
तुमने जरा सी बात का तूफ़ान कर दिया ।।

रब ने दिया जो तोहफ़ा मुहब्बत ख़ुलूस का
नफ़रत बढ़ा के हमने ही नुक़सान कर दिया ।।

पैदा किया इंसान बना कर हमें जिसने
उसके ख़िलाफ़ जंग का ऐलान कर दिया ।।

ता उम्र निभाते रहे हम उस से वफ़ाएँ
भूले से भी किसी ने जो एहसान कर दिया ।।

वो सुर्ख़रू हुआ है जनम पा जहान में
जिसने वतन पे खुद को है क़ुर्बान कर दिया ।।

85

तुम्हें श्यामसुंदर पुकारा करेंगे ।
सलोनी सुघर छवि निहारा करेंगे ॥

रखेंगे तुझे नित्य मानस निलय में
तेरे ही चरण प्राण वारा करेंगे ॥

निहारेंगे हम रात दिन राह तेरी
पलक से तेरा पथ बुहारा करेंगे ॥

सजायें तुझे शुभ्र नव पुष्प चुन कर
अलक श्याम तेरी सँवारा करेंगे ॥

कभी एक पल को दरश हो जो तेरा
वही रूप हम चित्त धारा करेंगे ॥

सुना बाँसुरी मोह लेती जगत को
उसी धुन से जीवन सुधारा करेंगे ॥

कभी भूल कर हम तुझे भूल जायें
न फिर भूल ऐसी दोबारा करेंगे ॥

86

वक्त ने ली हाथ मे तलवार है ।
ज़िंदगी का रास्ता दुश्वार है ॥

ज़िंदगी है एक भटकी नाव सी
सिंधु के हाथों थमी पतवार है ॥

तुम मिले जैसे नज़र के सामने
हो गया सपना कोई साकार है ॥

राह लम्बी दूर है मंजिल बहुत
रुक गये जो पाँव समझो हार है ॥

प्यार के बदले लुटायें प्यार हम
क्या भला इससे बड़ा उपहार है ॥

जो वतन की राह पर कुर्बान हो
जिंदगी उसकी सदा त्यौहार है ॥

सिर उठा कर चल सभी के सामने
क्यों हुआ तू इस क़दर लाचार है ॥

87

शमा जली थी जो प्यार ले के क्यों उसकी लौ थरथरा रही है।
है घिर रही देखो रात काली हमारे दिल को डरा रही है॥

वो दिन भी आये कि ज़ुल्फ़ बिखरे तुम्हारे शाने पे शाम बन के
तुम्हारी उल्फ़त से तर बतर हो के चंद बूँदें गिरा रही है॥

लगी मुहब्बत की लौ तुम्हारी सभी सितारों को पीस डाला
पिघल के उतरी मय चाँदनी की ये जाम जिस से भरा रही है॥

बसा लिया है उन्हें ही दिल में अटक गयी थीं जहाँ निगाहें
सुहाने ख़्वाबों की वो क़शिश ही न जाने क्या क्या करा रही है॥

महक रहे गुल हैं गुलशनों में हैं तितलियों के भी पंख भीगे
कली अली की गिरफ़्त में देखो किस तरह मुस्करा रही है॥

घटा घिरी देख लो गगन में बरस रही है सुधा सरीखी
समेट लेने को धार जल की सदा से आतुर धरा रही है॥

कई बरस से यहीं टिके हम गुज़ारे कितने ही साल हमने
टपक रही जो जगह जगह से कुटी यही आसरा रही है॥

88

दर्द जब दिल मे उतर जाता है ।
वक़्त चुपचाप गुज़र जाता है ॥

हो समय साथ ग़र हमारे तो
भाग बिगड़ा भी सँवर जाता है ॥

रब निगाहें अगर फिरा ले तो
टूट कर हार बिखर जाता है ॥

हौसला हो अगर भरा दिल मे
जा रहा वक़्त ठहर जाता है ॥

हो बसेरा कहीं भी पंछी का
लौट के शाम को घर जाता है ॥

प्यार पाता है जब समन्दर का
चाँद का रूप निखर जाता है ॥

ग़र इशारा अना का हो जाये
हर गुनहगार सुधर जाता है ॥

89

नेह निष्ठा सत्य का दस्तूर होना चाहिये ।
विश्व में अब देश यह मशहूर होना चाहिये ॥

जी हुज़ूरी में किसी की दे मिटा अपनी खुदी
इस तरह की आदतों से दूर होना चाहिये ॥

मुश्किलों के साथ उलझन है बहुत माना मगर
ज़िंदगी में प्यार भी भरपूर होना चाहिये ॥

सिर्फ़ जीने के लिये हो ज़िंदगानी दाँव पर
यूँ किसी को भी नहीं मजबूर होना चाहिये ॥

दूर हो नफ़रत गिला भी ज़िंदगी से किसलिये
अब न कोई ज़िंदगी नासूर होनी चाहिये ॥

कर्म हों ऐसे जहां में दें दुआएँ लोग सब
सुर्ख़ चेहरे से बरसता नूर होना चाहिये ॥

जो कमाया या मिला सब छूट जायेगा यहीं
क्यों किसी को फिर भला मग़रूर होना चाहिये ॥

90

तुम्हारी ख़ातिर मरा करेंगें ।
तुम्हारी ख़ातिर जिया करेंगें ॥

तराश ली ख़्वाब में जो मूरत
उसी को सज़दा किया करेंगें ॥

है तुमने की हमसे बेवफ़ाई
मगर तुम्हीं से वफ़ा करेंगें ॥

अगर दिया तुमने हिज्रे ग़म तो
ये जख़्म यूँ ही रिसा करेंगें ॥

भले न पायें तुम्हारा दामन
ये अश्क़ फिर भी बहा करेंगें ॥

सुना करेंगें ज़माने भर की
न दर्द अपना कहा करेंगें ॥

रखेगा जैसे भी रब हमें अब
उसी तरह हम रहा करेंगें ॥

91

गुल का खिलना एक तरफ़ ।
ख़ार सुलगता एक तरफ़ ।।

ख़ुशियाँ सबके आँगन में
दर्द हमारा एक तरफ़ ।।

बाँह गही जिस ने सच की
आज अकेला एक तरफ़ ।।

है तूफ़ान उधर बरपा
डगमग नैया एक तरफ़ ।।

झूठ फ़रेब भरा मन में
उसकी दुनिया एक तरफ़ ।।

टुकड़ा रोटी की ख़ातिर
बन बेगाना एक तरफ़ ।।

भटकें परियाँ सपनों की
नींद न आना एक तरफ़ ।।

92

सबके आँगन न कभी प्यार की बरसात हुई ।
भोर कैसे हो कि जब इतनी घनी रात हुई ॥

है ग़मे हिज्र के मारों को चाँद कब भाया
उन को तारों में भी अंगारों की सौग़ात हुई ॥

पंख सब तोल रहे आसमाँ में जाने को
छू ले सूरज को किसी की न ये औक़ात हुई ॥

जिसको ख़्वाबों में बसाया है परस्तिश की है
रू ब रू ही न कभी उससे मुलाक़ात हुई ॥

चाह कोई भी उठे दर्द छलक आया है
आरज़ू जब भी मिटी टूट के जज़्बात हुई ॥

कीमती है बड़ी जीना सँभाल कर यारों
ज़िन्दगी है न किसी के लिये ख़ैरात हुई ॥

हैं ज़माने से गुफ़्तगू के सिलसिले लेकिन
वक़्त गुज़रा न कभी खुद से कोई बात हुई ॥

93

है अजीब शय सी ये ज़िंदगी न बुरा इसे यूँ कहा करो ।
जो है राह पीछे गुज़र गयी उसी राह पे न चला करो ।।

न कहीं घटाओं का खौफ़ हो न कहीं डराती हों बिजलियाँ
न ज़मीन खुश्क रहे कहीं बरसात ऐसी किया करो ।।

जो ये आदतों में शुमार है कि हमेशा अपनी ही है कही
जरा सब्र दिल मे भी तो रखो कभी और की भी सुना करो ।।

तुम्हीं आरजू तुम्हीं जुस्तजू तुम्ही प्यार दिल का क़रार भी
इस दिल में है यही चाह अब इसी दिल में आ के रहा करो ।।

वो ही दिन ख़ुदा को कबूल हो जिसे याद में हैं गुज़ारते
आ जाये नींद जो आँख में तुम ख़्वाब में ही बसा करो ।।

है ये चार दिन की जो ज़िंदगी इसे यूँ ही हँस के बिता दिया
जो बुला लिया कभी मौत ने भला किससे कोई गिला करो ।।

है किताब जैसी ये जीस्त भी जो गुज़र गयी वो ग़ज़ल हुई
हैं ये लम्हे सब अशआर से मिले वक़्त इनको पढ़ा करो ।।

94

हर तमन्ना यूँ ही गुनगुनाती रहे ।
ज़िंदगी प्यार के गीत गाती रहे ॥

फूल खिलते रहें गुलशनों में सदा
खुशबुओं से गली महमहाती रहे ॥

दो न तनहाइयों का हमें वास्ता
ये किसी को न यों ही सताती रहे ॥

ख़्वाब में हो तुम्हारी ही सूरत बसी
साँस भी सारे वादे निभाती रहे ॥

अब न काँपे कभी भी कदम राह में
रूह लौ साँवरे से लगाती रहे ॥

श्याम का नाम हर पल जुबां पर रहे
साँस आती रहे साँस जाती रहे ॥

हम ख़ुदा की नज़र में रहें सुर्खरू
लाख उँगली ये दुनियाँ उठाती रहे ॥

95

ज़िन्दगानी ने क्या सिखाया है ।
दर्दो ग़म के सिवा क्या पाया है ।।

है ये आहट या चली तेज हवा
द्वार किसने ये खटखटाया है ।।

खूब झेले हैं सितम मौसम के
तब कहीं जा के गुल खिलाया है ।।

किसलिये रात के मुक़द्दर में
इतनी मायूसियों का साया है ।।

रोज़ ख्वाबों के लग रहे मेले
दिल को कोई न मगर भाया है ।।

बस वही गीत याद है रहता
तुम ने लब पर जिसे सजाया है ।।

रौशनी हो अँधेरी राहों पर
दीप दिल का सदा जलाया है ।।

96

नित नए अर्थ करने लगे ।
प्यार व्यापार करने लगे ॥

दिल में जिनको जगह दी वही
राह अपनी बदलने लगे ॥

थी वफ़ा जिनकी फ़ितरत वही
बेवफ़ाई हैं करने लगे ॥

दर्द तो बह गया आँख से
घाव दिल के कसकने लगे ॥

मूल्य नैतिक भुला कर सभी
व्यर्थ आदर्श गढ़ने लगे ॥

रात दिन एक से कब हुए
वृक्ष से पात झड़ने लगे ॥

पंछियों की करें बात क्या
हर किसी से सहमने लगे ॥

97

कहें कैसे कि तुम बिन रात दिन कैसे बिताये हैं।
हमारे हर महूरत पर गमों के स्याह साये हैं॥

अंधेरी रात मावस की बहुत हमको डराती है
इन्हीं रातों ने जीवन के उजाले सब चुराये हैं॥

बहुत हैं सर्द रातें और दिन सब आग के गोले
घनी तारीकियों में भी सितारे टिमटिमाये हैं॥

चुभन बन कर हँसी ने चूस डाला खून है दिल का
बरस बीते लबों पर गीत खुशियों के न आये हैं॥

तराशी थी कभी दिल पर जो सूरत संगमरमर की
उसी पत्थर की मूरत से हजारों ज़ख़्म खाये हैं॥

लहू की बूँद अब रिसने लगी है ज़ख़्म से दिल के
भरे दिल में जहर वो फेर कर मुँह मुस्कुराये हैं॥

बहुत हैं उलझनें इस ज़िंदगी की जो नहीं सुलझीं
उलझ इनमें ही तो सुख चैन जीवन के गंवाये हैं॥

98

गरीबी दर्द के मंजर दिखाती है ।
धरम संभावना सब भूल जाती है ॥

अभावों में बिताते उम्र हैं सारी
फ़क़त उम्मीद ही रस्ता दिखाती है ॥

न छत सर पर न तन कपड़ा न रोटी ही
मगर आशा नयन में झिलमिलाती है ॥

नगर उम्मीद का इक आशियाना है
यहाँ की रोशनी बेहद लुभाती है ॥

तुम्हारे और मेरे दरमियां अब तो
नज़र खामोश ही केवल सुहाती है ॥

समंदर प्यास का लहरा रहा है यूँ
नदी पर तृप्ति की कब पास आती है ॥

भटकती फिर रहीं वीरान सब शामें
न दिल को हलचलों की रात भाती है ॥

99

भूल कर भूलें सभी जग को रिझाना आ गया ।
अब हमें फिर से नये रिश्ते बनाना आ गया ॥

साहसी इंसान को कोई हरा सकता नहीं
जो जिगर में सो रही हिम्मत जगाना आ गया ॥

हैं अभी भी दिल के कोने में छुपीं मायूसियाँ
तुम हुए बेपीर हमको ग़म उठाना आ गया ॥

हैं बहुत मनमर्जियाँ झेलीं तुम्हारी अब हमें
बेबसी को जीत का परचम बनाना आ गया ॥

स्वार्थ की खातिर जिसे दिल में लिए घूमा किये
स्वार्थ मिटते ही निगाहों से गिराना आ गया ॥

आत्मबल अर्जित करें पाखंड सारे छोड़ कर
बिन सहारे अब हमें जीना जिलाना आ गया ॥

कृष्ण ने कुरुक्षेत्र में थी कर्म की गीता कही
मुख्य केवल कर्म है इसको निभाना आ गया ॥

100

अगर मुश्किलों से गुज़रते नहीं हैं ।
कभी मंजिलों तक पहुँचते नहीं है ।।

वतन पर निछावर हुए प्राण जिनके
अमर हो गये हैं वो मरते नहीं हैं ।।

बुजुर्गों की जिनको मिली है दुआएँ
कभी वो गलत काम करते नहीं हैं ।।

दिलों में भरी चाह हो मंजिलों की
कदम भी डगर से भटकते नहीं हैं ।।

बिछड़ हैं गये फूल जो डालियों से
बहुत देर तक वो महकते नहीं है ।।

तुम्हारी दया पा गये जो कन्हैया
डगर से कभी भी वो डिगते नहीं हैं ।।

रहे हम भुलाते उन्हीं रास्तों को
जहाँ इल्म के दीप जलते नहीं है ।।

101

जो खुदी को मिटा नहीं सकता ।
रब के नज़दीक आ नहीं सकता ।।

जन्म दे कर जो पाल लेती है
माँ को कोई भुला नहीं सकता ।।

जिसने अपनों से चोट खायी हो
वो किसी से बता नहीं सकता ।।

सोचता सिर्फ़ अपने बारे में
कोई रिश्ता निभा नहीं सकता ।।

है जिसे लत पड़ी सताने की
वो कभी दे दुआ नहीं सकता ।।

रूठ कर मुँह फिरा लिया लेकिन
वो कभी दूर जा नहीं सकता ।।

वीर दुश्मन के सामने अपना
सिर कभी भी झुका नहीं सकता ।।